3割うまい!!

金子梅吉

太陽出版

著 者

はじめに

ぎょうざの満洲の前身の中華料理店「満洲里」を開店したのは、東京オリンピックが開催された一九六四年（昭和三十九年）です。

場所は、埼玉県所沢市の住宅街の一角で、店舗面積は一二坪、席数はカウンターも入れて一二席、メニューはラーメン、餃子、チャーハン、中華丼などと、一品料理の野菜炒め、ニラレバ炒め、酢豚、かに玉などを合わせると、三〇品目くらいありました。

調理人を一人雇い、家内（友子）が店番をし、私は出前専門でした。

当時の年商は七〇〇万円くらいだったと思います。

それから五十三年。二〇一七年六月現在の店舗（直営店）数は八六店、従業員数はパート・アルバイトも含めると一八五四名、年商は約七七億円です。

ここまで成長・発展したからでしょう。いろんな方から「成功の秘訣は何ですか」と訊かれます。秘訣などありませんが、一つ言えることは、お客様から「安くて美味しい」と喜んでいただける商品づくりに一生懸命取り組んできたことです。この取り組みに終わりはなく、今も「もっと美味しくならないか」と努力し続けています。

本書では、そうした美味しさの追求のほか、会社の理念である〝3割うまい〟、私の生い立ちから店が軌道に乗るまで、商売と同じくらい夢中になった遊び、現在の心境について、やさしく書きました。

一人でも興味をもって読んでくださる方がいたら、生きていく上で一つでもヒントになることがあったら、これに勝る喜びはありません。

二〇一七年 秋

株式会社ぎょうざの満洲 代表取締役会長

金 子 梅 吉

3割うまい!!——目次

目次

ぎょうざの満洲の理念
〝3割うまい〟とは？

店の入り口のステッカーや看板でお馴染みの、当社のアイキャッチャー〝ランちゃん〟。

これは、餃子を盛った皿を左手に持ち、右手の指を3本立てたチャイナ服の女の子の呼び名ですが、お客様からよく質問されます。

「3本の指は何を意味しているのですか」

「〝3割うまい〟ってどういう意味ですか」

私たちは次のようにお答えしています。

3本の指は、「うまい！」「安い！」「元気」を表しています。

〝３割うまい〟とは？


〝3割うまい〟は、「うまさ3割増し」という意味です。

つまり、お客様にうまくて安い料理を食べていただいて、元気になっていただきたい。

そのために、「うまさを3割アップしています」という想いを表しました、と。

〝3割うまい〟には、もう一つ重要な意味があります。

それは、当社が創業時から基本方針にしてきた「3割原価」です。すなわち、
売上げの3割は必ず原材料費に充てる。

人件費も惜しまず3割充てる。

家賃や光熱費などの諸経費は3割以内に収まるよう努力する。

そして、残りの1割を利益とする。

(と、考えていますが、お安く提供していますので、1割の利益を出すのは大変です)

当然ながら、店舗数が増えると、大量仕入れによるスケールメリットで原材料費の比率は下がります。

下がったらどうしたか？

一例を挙げると、仕入れ値は高いが安全で品質のいい国産野菜・肉に切り替えました。調味料についても、普通の醤油を丸大豆醤油に切り替えました。

そのとき、お店での使用分だけでなく、工場での加工用にも使用することにしたので、醤油メーカーさんから「加工用まで使ったら採算が合わないですよ」と言われましたが、私は「採算が合わなくても美味しくなるなら使います」と言いました。

このようにして下がった原材料費の比率を3割まで戻すようにしてきました。

（ちなみに、食材を国産ものに切り替えるとき、最も苦労したのは小麦です。群馬・栃木・茨城・北海道産のうち、どこの小麦が一番「餃子の皮に向くか？」「製麺に適しているか？」を比較検討しました。この小麦の選定については現在も模索中で、季節ごとに変化する水分量や焼き上がりや食感などを知るために試食を繰り返しています。それにしても、国産の食材はなんでこんなに美味しいんでしょうね）

「原材料費に売上げの3割をかける」

このことを頑なに守り、どこの店にも真似のできない良い食材を使って価値の高い商品を作り続けてきたことが、当社の発展の原動力になったのです。

〝3割うまい〟は、ぎょうざの満洲の「自信」であり「誇り」です。

少年時代に生き方の基本が身に付いた

部落一の大きい家

一九三六年（昭和十一年）三月二十二日、群馬県の赤城山の北麓、利根郡東村大楊《おおよう》（現・沼田市利根町大楊）で生まれました。大楊は戸数五〇ほどの小さい集落で、すぐ近くに老神温泉があります。

戸籍上では一二人兄弟の末っ子で、五男となっていますが、私が生まれたときには姉三人、兄二人しかいませんでした。上の六人は一歳未満か幼いときに亡くなったようです。

家は六〇〇年続いた村一番の旧家で、間口が一二間（約二二m）奥行が六間（約一一m）もありました。大楊で映画会が開催されるときはわが家が会場になりました。大広間や寝間、奥の間の襖を外すと、集落の人二五〇人を収容できました。土間も卓球台を置いて試合ができるほどの広さがありました。

食事は、居間の中央にあった囲炉裏を囲んで全員で食べましたが、座る場所が決まっていました。土間から見て正面は横座と言い、中央に父、右隣に長男、左隣に客人が座り、土間側の鍋座に母、左右の竪座に子供たちが座りました。

この家で不思議だったのは、三〇畳ほどあった大広間の中央に穴が開いていたことです。昔、〝姨捨《おばすて》〟と言って、年老いた親を山奥に捨てなければならなかったが、捨てないで家で隠して養う。しかし、沼田の城下から役人が「姨捨をしたか」見分に来るかもしれない。その折に親を隠すために作ったものだと、聞かされたことを覚えています。

また、奥の間は外に出られるように土間が付いていたので、来客用だったのでしょう。その部屋には神棚もあり、床の間には掛け軸がかかっていましたが、その掛け軸の裏に抜け穴がありました。町中の商家ならいざ知らず、山奥の農家にどうして抜け穴があったのか、今でも不思議です。

残念なことに、文化財になるようなこの旧い家は、後年、一番上の兄の清一郎が建て替えたので今はありません。

不思議と言えば、家の横手の石段を上がったところに小さな祠があり、鎧《よろい》を着た木像が鎮座しています。祀《まつ》られているのは安土桃山時代の武将の金子美濃守で、上田城主であった真田昌幸とも関係があったようです。集落の全戸が金子姓なので、遠い先祖なのでしょうか。

そのことを知る手掛かりになったかどうかわかりませんが、戦時中に庭に防空壕を作るとき、土を掘っていたら和綴じの本が大量に出てきたことがあります。一七八三年（天明三年）七月の浅間山の大噴火のときに火山灰に埋もれたものだと聞きましたが、これも兄が処分したため、今となっては何が書かれていたのか知る由もありません。

父と母のこと

父・良作は、私が三歳のときに死にました。五十三歳でした。大榾山で炭焼き用の石窯を直しているときに窯が崩れて下敷きになり、そのとき負った火傷で亡くなったと聞いています。記憶なのか、誰かに聞いたのか、父を山から運んだ戸板を集落の人たちが片品川の河原で燃やしていたことを覚えています。

父が焼いていた炭は質が密で堅く火持ちの良い白炭で、貴重な収入源でしたから、清一郎が後を継ぎました。と言っても、十三歳でしたから、隣組の人たちが面倒を見てくれたのだと思います。

私は幼児だったから父のことは何も覚えていませんが、姉たちの話によると、食事のときに囲炉裏端で膝を崩すと、バシンと頬を張られたそうですから、怖い父だったようです。

母・ふくは、私が八歳のときに亡くなりました。五十五歳でした。

記憶にある母は、いつも床に横たわっていました。お腹に水がたまって産み月の妊婦のようになり、医者に水を抜いてもらっていたのを覚えています。

国民学校初等科二年のとき、学校から帰ると医者がいて、入院を勧めているようでし

母〈ふく〉と３歳頃の著者

た。母は小さい子供たちを置いて入院するわけにはいかないと言っているようでした。結局、これまで通り、往診してもらうことになりましたが、一番上の姉のさく子（通称・ネーヤン）とよく口喧嘩をしていました。身体が思うようにならないじれったさから姉に当たり散らしていたのでしょう。

元気な頃の母の思い出は、何回かバスで母の故郷の片品村越本まで行ったことです。いつも目の錯覚で窓越しに見る山々が走っているように見えるのが不思議でした。

母の実家ではよく御焼きを食べました。ただ、囲炉裏の灰の中で焼くので灰がつく。そのため、「ブチ叩いて食え」（灰をよく落としてから食べろ）と言われた。私の家で飼っていた猫の名がブチだったので、妙な言葉に聞こえました。

父と母についてはそんな淡い記憶しかないので、二親がいないことを寂しいとは思いませんでした。

姉たちに育てられる

唯一の稼ぎ手だった父を亡くし、その後すぐに母が床に臥すようになったため、わが家は村一番の貧しい家になりました。

苦労したのは、ネーヤン（長女）とゆく子（次女）でした。まだ十七歳と十五歳の二人は農業をしながら、母の世話をし、妹や弟たちの面倒を見なければならなかったので、ネーヤンは尋常小学校六年までしか行けず、ゆく子は「上の学校に行きたい」と泣いてせがみ、ネーヤンを困らせました。

結局、ネーヤンの頑張りで、ゆく子は高等小学校一年まで行き、その後、桐生の燃料屋さんに年季三年の女中奉公に行かされました。

三番目の姉のよね子も六年までしか行けず、県内の境町の織物工場に行かされました。一番上の兄と二番目の兄は高等小学校二年まで行きました。

ちなみに、戦前の義務教育は尋常小学校（昭和十六年に国民学校初等科に名称を変更）の六年間でしたが、戦後は一九四七年（昭和二十二年）に学制が変わり、現在と同じく中学三年までの九年間が義務教育になりました。

上二人の姉は勉強だけでなく運動の成績もよく、群馬県代表選手として明治神宮外苑競技場で走ったほどでした。姉二人が家を空けている間は田んぼや畑の仕事ができないため、村の青年団の人たちが農作業を手伝ってくれたことを覚えています。

わが家は小作農家でしたから、収穫時期になると地主さんが来て、地代として実った稲穂の半分を刈り取って行きます。加えて、戦時中は米を国に納めさせられたので現金収入がなく、母の薬代のために兄弟全員で働きに出なければならず、家族を守ることがいかに大変なことだったかを感じます。

主食はつみっこ（すいとん）だった

そうした苦労から解放されたのは、戦後です。ＧＨＱの指令で、一九四七年（昭和二十二年）から一九五〇年（昭和二十五年）にかけて行われた「農地改革」で、五町歩あった田畑が払い下げ（国家が地主から買い取り、小作農に売り渡す制度）になり、姉たちは自作農になったからうれしかったと思います。

ただ、戦後も、農家にとって米は貴重な現金収入源でしたから、私たちの主食は雑穀を調理した、ひえ掻きや粟ご飯、つみっこ（すいとん）でした。

ひえは稲に似ていますが、実が黄色く細く、思い出すのも嫌なくらいまずいものでした。ただ、この粉を熱湯で練ったひえ掻きは白菜の漬物を入れると食べられました。

粟ごはんは、米一〇％・粟九〇％の割合でしたが、おいしく感じました。

つみっこは、小麦粉を水でこね、ちぎって味噌汁やすまし汁に入れて煮たものと思うでしょうが、私たちが食べていたのはトウモロコシの粉を練ったものでしたから、色が黄色く、煮ても硬く、口当たりが苦い。それでも、ひえ掻きや栗ごはんに比べたら格段に美味しかったので、よく味噌汁に入れて食べました。ちなみに、「つみっこ」とは、粉を練ったものをつまみながら入れたことからそう呼ぶようになったのでしょう。

美味しかったのは片品川でいくらでも獲れた鰍《かじか》です。串刺しにして囲炉裏で焼いて食べました。（十年ほど前、川に行ってみましたが、鰍はいませんでした。話によると、昔はいなかった川鵜が棲みつくようになって以降、見かけなくなったそうです）

子供のときにこんな食べ物を食べていた私が外食産業のオーナーになったのですから、不思議な気がします。

赤いパンツの思い出

「梅は入学式だんべぇ、この草履を履いて行けやー」

隣のおばあさん（大叔母）が裏口から入ってきて、そう言いました。

ふだんは「足半《あしなか》」と言って、足の半分くらいまでしかない履物を履いていましたが、その日は国民学校初等科の入学式当日で、式典日には着物を着て、手作りの足袋を履き、草履を履いたのです。

若き日のネーヤン（長女）

着物は兄のお下がりでしたが、うれしくて、大はしゃぎしたことを覚えています。カバンはネーヤンが自分の着物の帯芯《おびしん》で作ったもので、変てこだと思ったが、当時はそんな支度の同級生が半分くらいいました。

姉の手作りと言えば、こんなことがありました。

お祭りがあるというので、大原にあった一番上の叔父の家に行ったときのことです。

「梅、風呂に入れ」（叔父）

「今日は入らない」（私）

「なんだ。いつも喜んで入るくせに。早く入れ」（叔父）

「嫌だ」（私）

とうとう泣き出してしまいました。

そして、叔父の家から歩くと一時間かかるのに、「家に帰る」と言い張りました。「こんな夜中になんで帰りたいのか」と訊かれても、「帰る」の一点張りです。

そこへネーヤンが来て、「そうか。梅はパンツを見られたくないのか」とばらしてしまいました。

姉が自分の腰巻で作ってくれた赤いパンツが恥ずかしかったのです。

親切だった村のオバさんたち

草履をくれた隣のおばあさんからは、茹でたサツマイモやトウモロコシ、カボチャをよくいただきました。その美味しさが忘れられません。母のいない私を痛々しいと思って、気遣ってくれたのでしょう。今でも田舎に帰ると必ず、お墓詣りをしています。

バスの停留所のオバさんにも親切にしてもらいました。

このバス停は、毎日沼田から運ばれてくる新聞の仕分け所になっていたので、後述するように、私が学校の帰りに新聞を取りに行くと、「いやだー、この子ったらこんなにいっぱいシラミが……」と、すっ頓狂な声を上げながらバリカンでシラミがたかった髪を刈ってくれました。

追貝《おっかい》の鍛冶屋のオバさんにも可愛がってもらいました。親戚ではなかったが、祭りのときは泊めてもらい、小遣いまでもらいました。父が炭焼きの道具を作ってもらったり、直してもらったりしていたのかもしれません。学校から近かったので、帰りにオバさんのところにカバンを置いてよく遊びました。

それにしても、あの頃の大人はどうしてあんなに子供に優しかったのだろうと、驚きを覚えるほどです。

七、八歳のとき新聞配達

三番目の姉のよね子は、境町での織物工としての勤めを終えた後、新聞配達を始めました。新聞は上毛新聞一紙で約五五〇部でした。配達区域は追貝、追貝原、戸山、高戸谷、大楊、老神、老神温泉で、朝早くから暗くなるまで配達していました。(新聞紙の変化‥

一番小さくなったときは一部が現在のB５裏表でした）

私はそのうちの大楊分、約五〇部を受け持ちました。少部数ですが、山道だし、一軒一軒が離れているので、配達を終えるのに一時間半かかりました。暗くなると走って配達していました。というのも、田舎ですから家々に墓があったし、当時は土葬と言って大きな甕の中に亡骸《なきがら》を座らせて土に埋めるのを目にしていたから、怖かったのです。それと、どの家にも放し飼いの犬がいて、私の姿を見ると吠えることも恐怖でした。で、家まで行かず、公道から家への道に入ったあたりの石垣の上に置いてきたりしたので、叱られることもありました。でも、姉が集金に回ったとき、村の人は何も言わず、笑ってお金を渡してくれました。後年、この頃のことを思い出して、童謡『叱られて』の歌詞を口ずさむことがありました。「♪夕べさみしい村はずれ……」と歌っていると当時のことを思い出すからでしょう、涙が出ましたが、勇気づけられることもありました。あの頃の自分に比べれば今の自分が直面している問題などどうってことはないと思えたからです。

楽しそうだった夜なべ仕事

二つ違いの兄の吉五郎も薪切りなどを手伝っていたから、働くのは当たり前のことでした。大人もよく働きました。昼間は田畑や山で仕事をし、夜は家で合羽や草履《ぞうり》、茣蓙《ござ》、箕《み》、魚籠《びく》などを手作りするので、いつ寝るのだろうと思ったものです。

終戦後、長靴は配給制で、くじ引きに当たってもお金がなければ手に入らなかったから、冬の履物として藁沓《わらぐつ》（雪沓）は不可欠でした。

その藁沓を作る様子が本当に楽しそうでした。今晩は何々さんの家と決め、三、四人の男女が藁を持って集まり、おしゃべりしながら藁を叩いて柔らかくし、より合わせ、次々と作り上げていく。昔の人の手は「魔法の手」でした。私はいつも「どうしてあんなに手早く作れるのか」と驚きの目で見ていたし、すごく楽しそうなので仕事をしているようには見えませんでした。

そして、夜明けが近づくと、何もなかったように、「また、明日ね。お休みなさい」と言って家に帰る。

この光景を見ていて、「仕事は楽しくやるものだ」ということを自然に学んだような気がします。遠い日の思い出ですが、昨日のことのように覚えています。

中学生のとき土方仕事

中学生のときは、兄の吉五郎と一緒によくアルバイトをしました。背丈が一七〇㎝近くあったし、腕力も強く、村の青年部の人と腕相撲をしても負けなかったから、中学生であることはばれませんでした。

夏休みは、片品川の改修工事。これは土手に蛇籠《じゃかご》を埋め込んでいく仕事で、もっこを担《かつ》いだり、土手に穴を掘ったりしました。日当は一五〇円。他の仕事の日当が八〇円〜一〇〇円でしたから、人気がありました。

冬休みは薪切り。今のようにチェーンソーなどないから、すべて手作業ですから、重労働でした。

ノコギリで原木を切り倒し、平らなところで薪になるよう長さを揃えて切り、針金で編んだカゴに入れ、橇で道路まで下ろす。大人は多い人で七〇～八〇束作っていましたが、私たちは二人で一日三〇束くらい。それでもいい稼ぎになりました。当時は石油がなかったから、薪は石炭とともに貴重な燃料で、高く売れたのです。

おかげで修学旅行の費用や洋服代になりました。ごく自然に自分の身の回りは自分で賄わなければいけないと思っていたようです。

うれしかったのは、兄と二人で冬のバイトで稼いだお金で卓球台を手に入れたことです。買ったのではなく、製材所で材木を買い、大工さんに作ってもらったのです。

バイト代はすべて家に入れる決まりになっていましたが、ネーヤンが許してくれたのです。姉は私たちが寂しい思いをしないように気遣ってくれたのでしょう。

夜になると、集落の人がやってきて、よく卓球大会をやりました。

先生から初めて褒められる

私が生まれ育った昭和十年代は「産めよ増やせよ」が国策の時代でしたから子供が多かった。大椙は五〇戸ほどの小さな集落でしたが、それでも小学一年から中学三年まで合わせると七〇人いて、そのうち一〇人が同級生でした。

学校は家から二㎞ほどのところにある東村小学校と東村中学校（私が通学していた頃の校名）でした。

楽しかったのは、春祭りや夏祭り、秋祭りなどの行事で、私たち子供は神社の周りや道路を掃除しました。冬は大晦日に神社の雪かきをしました。そうした行事のときはなぜか私が仕切りました。面倒なことを面倒と思わずやるマメな性格だったのでしょう。そう言えば、学校でもクラブ活動は私が中心でした。

しかし、勉強はできませんでした。中学生のときの成績順は一クラス四五人中三五番でした。そのため、学芸会には一度も出してもらえませんでした。ところが、三年生のとき、学芸会に出ることになりました。出し物はビクトル・ユーゴの『レ・ミゼラブル』で、台詞は二言、三言でしたが、飛び上がるほどうれしかった。

選ばれたのは、三年生になって勉強し始めたことを担任の先生が認めてくれたのです。みんなの前で「やればできるんだ」と名指しで褒めてくれたときの晴れがましさを覚えています。

そのときから私は変わりました。勉強するようになったのです。嫌いだった国語や社会や英語の成績は変わりませんでしたが、好きな理科と数学の成績はよくなりました。

そのことをある人に話したら、「理科と数学が好きという資質は事業をやっていく上でプラスに働いたんじゃないですか」と言われましたが、そう言えば仕事でも遊びでも「なぜ?」とか「よくなるには、どうすればよいか?」と突き詰めて考える。考えなきゃ仕事も遊びも面白くならないと思っていました。

そんな資質が今の商売で生きたことは確かです。

昭和 26 年度の東村中学校卒業式（最後列右から２人目が著者）

高校生のときガラス販売

三人の姉と二人の兄は尋常小学校か高等小学校二年までしか行っていないから、姉や兄は私が中学校を卒業したら働くと思っていたかもしれません。しかし、私は高校に行きたかった。そこで、昼間働いて夜学校に行くことにし、担任の先生に手配してもらいました。学校は定時制高校を新設したばかりの桐生市立商業高等学校、勤務先は桐生市内のガラス会社になりました。

こうして、同学年の二人と一緒に働き始めましたが、一向に学校に行かせてくれない。一年経ったので、三人で会社に掛け合ったら、「夜学に通うという話は聞いていない」。で、同級生二人は即、退職しました。

そのことを知った先生が会社と掛け合ってくれたのでしょう。私は学校に通えるようになりましたが、暫くして、会社から「三食食べさせて、給料を払い、仕事を覚えさせ、その上に学校に行くのなら、うちではいらない」と言われました。この会社はガラスの製造販売では群馬一の大きな会社でしたが、その後少しして廃業したから、働き手を学校に行かせる余裕はなかったのでしょう。

私は学校に行きたかったので、学生用の下宿に住み、自転車とガラス切りを購入して、「壊れたガラスはありませんか。入れ替えますよ」と、ご用聞きをして回りました。注文が取れると、町の小さなガラス屋さんで板ガラスを買い、寸法通り切って、嵌めるのです。一枚七〇円で買って、一五〇円で売っていました。この仕事を一年くらいやりましたが、食べるのがやっとで学費が払えなかったので、学校は卒業できませんでした。

学校での思い出は、校長先生の講義です。

「人という字は人と人とが支え合うことを表している。人は助け合って生きるものだ」といった、漢字の成り立ちを元にした人生訓をたくさん教わりました。

当時のことを思い出すたびに、「十七、十八歳でよく一年間自活できたなー」と不思議な気持ちになります。

二十八歳のとき中華料理店を始める

東京でタクシーの運転手に

桐生市での生活を切り上げて大楊に帰り、それから沼田市に行きました。沼田の町は材木屋さんが多く活気に満ちていたので、トラックの運転手になろうと思ったのです。しかし、今と違って当時は、自動車免許証を取得するには車の助士になって運転を教わるしか方法がありませんでした。そこで、沼田原町入口の三軒茶屋にあった木材会社で運転助士として働くことにしました。

山に原木を積みに行ったり、東京に木材を運んだり、仕事ぶりを認めてもらって運転をさせてもらうために、どんな仕事でも一生懸命やりました。そうして二年ほど掛かって運転免許証が取れたので、すぐに上京。タクシー会社に就職しました。今の時代では嘘のようですが、当時は運転免許証があればすぐに運転手になれたのです。

しかし、東京は広く、どこに何があり、どの道を走ればよいか、地図を覚えるのが大変でしたし、運転も未熟でした。案の定、半年ほど経ったとき、品川で都電（六十年前の東京には都電＝路面電車が走っていた）と衝突する事故を起こしてしまいました。雨の日で、レールにタイヤが乗っかって、ハンドルが利かなくなり、ぶつかったのです。

幸い怪我はしませんでしたが、駆け付けた救急車の隊員が頭を打っているので〝むち打ち症〟になるかもしれないと判断、病院に運ばれました。しかし、入院して検査をしたが、どこもなんともない。一カ月に一回脳圧の検査をするくらいで、全く手のかからない患者だったから、病院も退院させなかった。当時は自動車事故で運ばれてきた人は無理やり入院させられるような時代でした。そのため、半年くらい入院していました。

この事故でタクシー人生は終わりましたが、ラッキーなことに、中央区新富町で運送会社を経営している同郷の人がいて、知人から「働かないか」と勧められたので、同社に就職しました。

ところが、その会社は一年ほどで倒産。しかし、「やれやれ、また職探しか」とうんざりする間もなく、同社を運転手ごと買い取る会社が現れました。当時、日本通運に次ぐ会社だった日新運輸倉庫（現・日新）です。私の勤務先は三鷹営業所で、社員が四〇人いて、トラックが一五台くらいありました。「禍福は糾《あざな》える縄のごとし」という諺がありますが、本当だなと思いました。

百万長者の時代に五〇万円貯金

ここでお金の話をしましょう。

日新運輸倉庫に勤め始めたころ、吉祥寺の踏切脇にあった江口証券の支店に行き、ソファに座ってラジオから流れてくる株価情報を聴いていました。二十三歳の若造が、です。私はそのとき現金で五〇万円持っていました。今のお金に換算すると九〇〇万円くらいでしょうか。桐生にいた十八歳のときは貯金ゼロです。五年間でどうやって貯めたのか。

コツコツと貯金したんです。トラック助士のときの月収が六〇〇〇円で、その八〇%を貯金。タクシー運転手のときは給料一万円の半分を貯金。爪に火を点すようにして日新運輸倉庫のそのときまで貯金し続けてきたのです。

ただ貯めるだけでなく、当時、丸紅の株は一株四二円、八幡製鐵（現・新日本製鐵）は三五円でしたから、三社ぐらいの会社の株を買って、上がったらすぐ売り、また買うことを繰り返していました。株は誰かに教わったわけではなく、自分で買うようになったのです。そのときの経験が飲食業を始めて役立ちました。無駄なお金は使わないが、儲かると思ったら投資する。商売をやる上で必須の金銭感覚が身に付いたからです。

貯めることに一生懸命でしたから、人付き合いは悪かったかも知れません。ただ、テレビや車は人より先に買って自慢していました。

今でも政治や経済の動向をインターネットで絶えずチェックしています。それが今の私の仕事です。

二児の父となる

日新運輸倉庫での最初の仕事は、タンクローリーで酪農家のところに行って原乳を引き取ってくることでした。営業所では専ら雑用をして、みんなの仕事がやりやすいようにする庶務を担当しました。

この会社は非常に待遇が良い上に、二十数歳の若造の私たちを大事にしてくれました。年配者や大卒の社員が大勢いたのに、労働組合の三鷹支部長までやりました。そんな職場でしたから、毎日が楽しく、三年くらい一日も休まず働いたことを覚えています。

その頃、友達の紹介で家内と出会いました。

出身は埼玉県の行田市で、父親は足袋の職人でしたが、その父には五歳のとき、母には十二歳のときに死に別れたこと、小学生のときからミシンで足袋の一部分を縫う仕事をしていたことを知って、驚きました。私と同じような境遇だったからです。

そうしたこともあって付き合うようになりましたが、家内が妊娠したので、「できちゃった婚」することになりました。家内十八歳、私二十三歳でした。

住まいは三畳間のアパートで、流しは付いていたが、トイレと洗濯場は共同でした。当時のアパートはそれが普通でした。

長女・ひろみ（左）と長男・利行（右）

それから間もなくして社員寮ができ、寮長を拝命したため、寮の六畳二間に住むことになりました。四倍の広さですから家内も私も感動したのは言うまでもありません。

この寮にいるとき、長男・利行（現・調理部長）が生まれ、二年後に長女・ひろみ（現・社長）が生まれました。

脱サラして牛乳販売店を経営

この頃は公私ともに充実していました。人生で最も幸せな日々だったと言ってもいいでしょう。

ところが、突然、北風が吹きました。

会社から、「埼玉県の所沢に行かないか」と言われたのです。「牛乳販売店をやめたいと言っている人がいるので、その店をやらないか」と。

そのとき、心の内で二つの感情が交錯しました。

一つは、会社は労働組合の支部長をしている俺が煙たくなったのか、態《てい》のいい追い出しか、という感情です。もう一つは、将来独立したいという気持ちがあったから、この話はチャンスかもしれない、という感情です。

そして、会社は「打診」という形式を採ってはいるが、会社にとっては決定事項だから、断ることはできない。で、「よし、やってやろう」と決断しました。

ところが、所沢で牛乳販売店の店主に会うと、「手が足りないので働いてほしい」ということでした。「だまされた！」と思ったが、子供が小さかったので、その店で働くことにしました。むろん、心中は穏やかではありませんでした。

それから暫くして、店主が「支店を出したい」と言い出したので、店を辞めることにしました。そして、所沢に来たのは独立することが目的だったので、強引なやり方でしたが、その店の隣に牛乳販売店を開店しました。牛乳メーカーもそのお店との取引をやめたかったらしく、顧客開拓の拡売員を回してくれるなど応援してくれました。

その後、隣の店主が「俺は店をやめるから、残ったお客さんはお前やってくれ」ということになりました。

牛乳店は花形商売だったが……

五十年前の所沢は田舎でした。民家の半分は茅葺で、田畑のほかに牛舎などもありました。配達に出るのは朝の三時。バイクのハンドルの両方に牛乳びんが三〇本入った袋を掛け、後ろの荷台に一箱四五本入りの箱を二つ積んで、七〇軒ほどの家に届けるのですが、田舎道だから、石ころに乗り上げて転んだり、ぬかるみにタイヤがめり込んだり、苦労しました。でも、いいお客様が多く、私が来るのを待っていて、野菜や果物をくれる人もいました。そうした人との触れ合いが楽しみでした。

店を辞めて独立してからは、一日の配達軒数が三〇〇軒・配達本数が七〇〇本に増えたので、家内と手分けして配達しました。牛乳店は配達本数が一〇〇〇本あれば採算が取れたので、お客様を増やすべく拡張外交もしました。

二年ほどして商売が軌道に乗ったので、所沢市緑町に二号店を開店しました。そのため、最初の店は家内の兄夫婦を東京から呼び寄せて任せることにしました。二人は結婚したばかりでしたので、張り切ってやりました。

緑町店は日本住宅公団（現・都市再生機構）の団地前にありました。同団地は二階建てで横に一〇棟並んでいてお洒落だったからでしょう、たいへん人気があり、くじに当たらなければ入居できませんでした。入居者は高給取りのサラリーマンで、どの家も子育ての最中だったので、多い家では一回に七、八本配達していました。一棟に五軒お客様があると一箱の牛乳が空になるほどでした。そのため、軽自動車に一日に配達する牛乳をすべて積み込んで行き、女房と二手に分かれて配達していました。牛乳店を始めた頃とは取り組みが違います。同じ時間をかければ五倍配達できましたから。ただ、同業者間の値引き競争が激しくて苦労しました。

緑町店は団地の前だったので、山崎パンを販売。売上げは所沢地区で一番でした。また、家内が始めた手作りサンドイッチの販売も大ヒットしました。

牛乳の配達・集金・外交をしながら、店でパンを売りながら、子供二人を保育園に送り迎えしながらですから、めちゃくちゃ忙しかったが、若かったからでしょう、楽しかったし、やり甲斐がありました。

二十八歳のとき中華料理店を始める

そんななかで、緑町店の隣の角地（三五坪）を買って、一階は店舗（二店）、二階は住居の建物を建て、一店は不動産屋に貸し、もう一店でラーメン屋を始めることにしました。

中華料理店「満洲里」を開業

「なぜラーメン屋をやることにしたんですか」と、いろんな方から訊かれます。始めた経緯はこうです。

牛乳販売店は長くやるもんじゃないと、見切りをつけたのです。

牛乳店で一番切ないのは、集金に行くと値切られることです。当時、一本の仕入れ値は八円、売り値は一五円、一カ月間の配達本数が七〇本とします。請求額は一〇五〇円です。この端数（五〇円）をまけろというお客様が多かった。値切られても商売をやる店があったから、お客様は強気です。牛乳メーカーは仕入れ値は一銭たりとまけません。ですから、売り値をまけたら利益が飛びます。それが嫌でした。

それと、集金は無駄足になることが多かった。一軒の家に三回行くなんてざらでした。お客様が多ければ多いほど時間のロスも大きくなる。そのあげくに「まけろ」ですから、この商売は長くはできないと思ったのです。

では、何の商売をやるか？　パンの販売が当たったので、食べ物商売がいいと思いました。食べ物屋は現金商売だし、値引きもないし、自分で値付けができるから。そして、大衆的な食べ物がいいと考え、ラーメン屋を開くことにしたのです。

家内と所沢市内の中華料理店を食べ歩きました。あるとき、入った店でタンメンを注文したら、丼からはみ出すほどの野菜の多さにビックリしました。これはすごいラーメン屋だと思いました。で、マスターに「ラーメン屋を始めようと思っている」と言うと、「調理人が必要なら回してやるよ」と、たいへん気さくで親切な人なので、「実は屋号を何にしようか迷っているんですが…」と言ったら、「うちと同じ屋号にしたら」と言われました。その店の屋号が「満洲里」だったのです。

創業店の満洲里（所沢市緑町）

それにしても、朝の三時から牛乳を配達し、七時にスープの鍋に火を入れ、十一時に開店し、店は調理人一人と女房、出前は私という体制で、夜の八時まで営業、三六五日休みなしでした。その上、もう一軒牛乳店を開店。さすがにこの店はやりたいという人がいたので、譲りました。

この頃は、西武丘陵に土地を買うなど投資意欲もあったし、働くだけでなく、どうやって時間をやりくりしたのか、よく遊びました。

当時を振り返ると、ぶっ倒れないでやれたものだと不思議で仕方がありません。

餃子の具を包む機械を導入

牛乳店と中華料理店を一年ほど兼業しましたが、中華屋の仕事が忙しくなったので、当初の予定通り、牛乳店はすっぱりやめました。

忙しくなった要因の一つは餃子でした。

餃子を初めて食べたのは日新運輸倉庫時代です。ＪＲ中央線の吉祥寺駅の北口前で、露天商が中華鍋を使って餃子を焼いていました。そこで食べた餃子の旨さが記憶に残っていたのです。

それと、義兄（ネーヤンの旦那さん）が満洲（現・中国東北部）からの復員兵で、私が子供のときこんな話をしてくれました。

「中国人は正月や祝い事があるときは必ず家で餃子を作って食べてたよ。おやつのようなものだったね」

茹でて食べていたそうですから、日本でいう「水餃子」です。その話も頭の片隅に残っ

ネーヤンと夫の小林宗一氏

ていました。で、ラーメン屋を始めたとき、看板メニューにしました。これがたいへん評判がよかったので、お持ち帰り用として生餃子の販売も始めました。一人前七〇円でしたが、包むそばから売れてしまうので、朝早くから餃子を作りました。一日一〇〇人前売れました。

家内は餃子を包むのが速かったが、私は遅かったので、当時は珍しかった餃子を包む機械の導入を考えました。しかし、高くて手が出ませんでした。導入したのは開店から二年後の昭和四十一年です。出前も多く、店の売上げの半分を占めるほどでした。

この出前をしないで商売ができないかと考え、駅前に出店することを考えるようになりました。ただ土地が高くて手が出せる物件はありませんでした。

屋号を「ぎょうざの満洲」に

西武新宿線の新所沢駅に近い松葉町に出店したのは、昭和四十七年です。駅の周りは土地が高く一〇〇㎡で二〇〇〇万円、上物は五〇〇〇万円でした。自己資金は五〇〇万円しかなかったので、銀行から借りることにしました。

当時の取引銀行の埼玉銀行（現・埼玉りそな銀行）では、「この売上高では融資は無理」と断られました。そこで、取引のなかった第一勧業銀行（現・みずほ銀行）にダメもとで融資を申し込みました。担保無し、保証人無しでしたが、なんと貸してくれました。後で聞いた話ですが、支店長の首を賭けての融資だったそうです。商売を始めて日が浅く、実績もないのによく貸してくれた、自分は運のいい男だと思いました。

それにしても、駅前で店を始めて改めて駅のそばはお客様の入りが違うことを知りました。借金返済のため、がむしゃらに働きました。

駅前に出店してから売上げがぐんぐん伸びていったので、法人化することにし、満洲里を「有限会社満洲飯店」に改めました。資本金は一〇〇〇万円でした。この店名にしたとき、「飯店はないよな」とお客様から笑われました。そのとき、「飯店」が中国語ではホテルの意味だということを知りました。それもあって、五年後の昭和五十二年に、屋号を「ぎょうざの満洲」に改めました。当時、社名を仮名文字にする会社が多かったので、餃子をひら仮名にし、満洲はそのまま使うことにしたのです。

※有限会社満洲飯店を株式会社ぎょうざの満洲に変更したのは平成七年です。

とんかつ「とん吉」を開店

屋号をぎょうざの満洲にしてすぐ支店を出す計画を立てました。場所は駅前と決めていました。昭和四十八年の石油ショックのとき、ガソリン高騰の影響をもろに受けて、幹線道路沿いにあった飲食店の多くが廃業に追い込まれたのを目の当たりにしていたからです。そのとき、街道筋では商売はやらない、景気や天候に左右されにくい駅前でやると決

新所沢駅前の「満洲飯店」（上）と「とん吉」（下）

めたのです。ちなみに、後年、店のキャッチフレーズを「全て自家製・3割うまい・駅のそば」としました。

折しも航空公園駅の近くに八〇〇世帯の公団住宅の建設が始まっていました。その駅前に出店するには、申し込みの同業者が一〇社ほどあったため、つてを頼っていろんな方に会って推薦していただくようお願いするなど、駆けずり回りました。権利が取れたときは宝くじに当たったような感覚でした。この航空公園駅前店が誕生していなければそれ以後の出店（四年の間に六店オープン）はなかったでしょう。

ともあれ、緑町店、松葉町店、航空公園駅前店での餃子の販売量の増加に比例して豚肉の仕入れ量も急増していったので、仕入れ額を安くするために豚肉を一頭買いすることにしました。そして、肩肉、バラ肉、ロース肉、もも肉の骨を外して、鮮度の良い肉を使い始めました。

肩肉やロース肉はとんかつに使えるので、松葉町店の前の空き地三五坪を坪一〇〇万円で買って、とんかつ「とん吉」を開店しました。この土地の購入資金を捻出するため、創業店である緑町店を土地ごと売却しました。

この頃には資金繰りも楽になり、銀行から貸し出し要請がかかるようになり、三号店、五号店、七号店、一〇号店と一気に店を増やしていきました。

配送車で店をピーアール

ところで、こう書くと、最初から多店舗展開を目指していたと受け取られそうですが、一度も店舗数を目標にしたことはなく、「気が付いたら一〇店舗になっていた」というのが本当です。

新所沢駅前の松葉町店は私の意志で始めました。航空公園駅前店は銀行の支店長の勧めで出店しました。この店が大繁盛したので、勢いに乗って、同じ西武新宿線の東村山駅前に三号店を出しました。この店も当たりました。

しかし、この時点では、これ以上店をつくる気持ちはありませんでした。ところが、商売がうまくいくと、私の周りにいろんな業種の人が集まって来て、情報を提供してくれたり、「上げ潮に乗ったときは突っ走ったほうがいい」と出店を勧めたりする。で、「四」という数字は縁起が悪いので四号店を欠番にして五号店を開店しました。

この店は久米川駅から一八〇m離れていましたが商売になると読んだんです。ところが、予想していたほどお客が入らないので、創業以来初めて、「この店の失敗が引き金になって倒産するかもしれない」と危機感を覚えました。そこで、配送車にスピーカーを付けて店をピーアールして回りました。店が軌道に乗るまで一年半くらいかかりました。その後、少しずつお客様が増えていって、三〜四年後には全店の中で一番売る店になりました。

当時、会社の経理を担当していて資金繰りから何から何まで知っていた二番目の姉のゆく子の「大丈夫」とか「無理するな」という一言を私は大事にしていましたが、このときは「出店を急ぐな」とは言いませんでした。
その頃の自分を振り返ると、「もっと店を出してもっと儲けたい」という気は全くありませんでした。周りに私を担ぐ人がいて、「出店しよう」という気持ちにさせられたのです。結果として、店がどんどん増えていきました。会社が急成長する時ってそんなものなんですよ。

二十八歳のとき中華料理店を始める

本店ビルが完成

一〇号店か一一号店を出店した頃なので、昭和六十一年か六十二年頃だったと思います。松葉町店の隣の本屋の土地を二二坪買い足して増築することにしました。計画は、建坪四二坪、地下一階・地上二階で総面積一二六坪、一階をぎょうざの満洲、二階を宴会場の店舗ビル（本店ビル）にするというものでした。ちょうどバブルの最中でしたので、坪七〇〇万円の担保設定で融資を受けることができました。

現在の「ぎょうざの満洲本店」（所沢市松葉町）

このとき、目標の売上げを達成できなかったら、当社はもとより銀行も経営破綻していたかもしれません。

このビルの完成が近づくのに合わせて、私は店舗の新しいイメージづくりを考えました。

お客様は、店舗周辺のサラリーマン、工事関係者、家族連れ、学生、主婦、電車帰りのサラリーマン。これらのお客様に「入りやすく、居心地がいい」と思っていただくには、どのような店にしたらよいかを考えました。まっ先に浮かんだのは、中華屋の暖簾は油で黒ずんでお客様が入りにくいことでした。そこで、暖簾を外すことにしました。そして、外から中がよく見えるようにガラスドアにし、手を触れないでも開く自動ドアにしました。また、床はタイル張りにし、色や柄も工夫しました。調理場はお客様から丸見えなので、清潔を徹底しました。さらに、接客係がどこにいてもお客様が見えるように、店内の目立たないところに鏡を取り付けました。このときの店舗づくりがその後の当店の店舗デザインの基本になりました。

閑話休題。この頃は、仕事が終わると女房と一緒にカラオケ店に行きました。下手の横好きで、よく通いました。あるとき、カラオケ店のオーナーが「店を居抜きで買ってほしい」と言うので、買いました。そして、竣工したばかりのビルの地下にパブスナックを開店しました。その頃、歌って踊れる店が流行っていたので始めたのです。

私は頼まれると何にでも手を出す悪い癖があって、その少し前には甥の勧めもあって寿司店を開いています。また、七年前には故郷の大楊で温泉宿を始めました。これも中学校時代の同級生に頼まれて購入したものです。本当に「馬鹿じゃん」と言われても仕方がないほど、次から次へと手を広げてきました。それでも破産しないで商売を続けてこられたのは、社長の決断で最も難しいと言われる「捨てる決断力」が備わっていたからでしょう。牛乳店を見切ったように、ダメと思ったらすぐ手を引いてきた。それがよかったのだと思います。

製造工場をつくる

本店ビルが完成する二、三年前、餃子製造機と製麺機を備えた工場（四八坪）を店に併設しました。

すぐにこの工場だけでは供給が追いつかなくなったので、一九九〇年（平成二年）、所沢市向陽町の借地に大家さんに頼んで建坪一〇〇坪の建物を建ててもらい、製造を始めました。しかし、住宅地でしたから、「餃子を包む機械のカチャンカチャンという音がうるさい」「ラーメンのスープのニンニクの匂いが臭い」と、苦情が相次ぎました。

言い訳の余地はないので、代替地を探しましたが、見つからない。

ようやく五年ほどして探し当てたのが、鶴ヶ島市脚折《すねおり》の土地でした。ここに建坪三八〇坪の工場を建てましたが、設備費が予定より多くかかったので、果たして採算が取れるかどうか心配でした。しかし、杞憂に終わりました。その後、店舗が増え続け、六年ほどで生産が間に合わなくなってしまったのです。

そこで、隣の立ち退き物件（土地一八〇坪・建坪二七〇坪の三階建てビル）を買い、一階と二階を工場にしました。

しかし、ここも十年ほどで需要に応えられなくなったため、二〇〇四年（平成十六年）、坂戸市にっさい花みず木に物流倉庫を備えた本格的な工場を建設しました。これが、敷地面積三〇〇〇坪・建坪一三〇〇坪の坂戸工場です。

現在、鶴ヶ島工場はスープ、タレ、惣菜を製造。坂戸工場は餃子、生麺、蒸麺などを製造していますが、坂戸工場も近い将来供給が追いつかなくなることは間違いないので、近

EAJ
ECOREA
AUDIT
JAPAN
ISO 9001
QA-010

（上）坂戸工場（坂戸市にっさい花みず木）
（下）鶴ヶ島工場（鶴ヶ島市脚折）
（左）品質マネジメントシステム ISO 9001 の認証マーク

くに新工場を建設することを決定。現在、準備を進めています。

工場はこのほか、大阪府吹田市に江坂工場（店舗付き四〇〇坪）があり、大阪府内七店と兵庫県内一店に食材を配送しています。

関西に進出したのは、東日本大震災を機に、それまで北海道や東北などに偏っていた仕入れ先を西日本にまで拡大して、万一の際のリスクを分散することにしたのです。

なお、二〇〇五年（平成十七年）、本社、坂戸工場と鶴ヶ島工場は、品質マネジメントシステム「ＩＳＯ９００１」の認証を取得。埼玉県彩の国工場の認定を受けました。

娘に経営をバトンタッチ

鶴ヶ島工場を建てて三年目の平成十年、長女の池野谷ひろみが社長に就任し、私は会長になりました。娘三十七歳、私六十二歳のときです。

社長を退く決断をしたのは、「娘に越えられた」と思ったからです。

最初は娘に「あれをやれ、これをやれ」「ああやれ、こうやれ」と指示。それが年とともに減っていって、十年経ったら、「これ、こうやるけどいいかな」と娘に相談するようになっていった。それが度重なって、「越えられた」と思ったのです。

そのことを痛感したのは料理です。

創業以来の作り方を踏襲しているのは二〜三割で、後は新しい作り方に変わりました。また、「世の中の動きを見るのは娘のほうが上だ」と思うことがありました。変わったことによって、料理が格段に美味しくなりました。

たとえば「大阪に進出する」と言われたとき。

たとえば、当社は創業以来「駅のそば」を基本方針にしていますが、それに捉われることなく、集客力のある地元のスーパーマーケットへのインショップを展開し始めたとき。

これらは私にはない発想でした。

ですから、もう私からアドバイスすることはありませんが、一つだけ気になるのはスピードが速すぎること。たとえば、出店候補地に行って、「いい」と思ったら即断即決で、その場で契約の電話を入れる。

出店地の選定は失敗が許されないので、もう一回、日を改めて調査したほうがいいと思ったときは、「急ぐなよ」と言います。

社長は孤独です。最終決断は自分一人でしなければいけないから。ですから、決断できずに苦しんでいたら、「やれよ」と声を掛けます。それが今の私の役割です。

週休二日制を実現

当店は閉店時間を午後九時台にしています。理由は、飲み屋ではなく料理屋だからです。勤務時間は、以前は九時間でしたが、現在は八時間にしています。

飲食業界の休日は、いまだに週一が多いですが、当社は二日にしています。社員だけでなくアルバイト・パートも同じで、たとえばパートの場合「四時間勤務×五日間」にし

毎年、社員旅行を実施。2017 年は一泊二日で金沢へ

ています。

店は年中無休ですから、この勤務体制を維持していくために、絶えず従業員を増やしてきました。また、福利厚生の一環として、毎年、一泊二日の社員旅行を行っています。

店は休めないので、数班に分けて実施していますが、こうしたことが可能なのは、合理化できることは徹底的に合理化して利益を上げてきたからです。

合理化の一例を挙げると、静脈認証勤怠管理システムを導入して給与計算を簡易にしました。また、給与明細はインターネット上で閲覧できるようにしました。従業員のスマートフォンで確認できるので、給与明細を紙に印刷する手間が無くなりました。

最近、社長に提案し、実現した合理化は、工場で人の手で取り除いていたキャベツの芯取りを機械化したことです。

このように、今後も管理部門や製造部門で機械化できることはどんどん機械化していって、週休三日制の実現を目指します。

品質と味の向上に心血を注ぐ

餃子をもっと美味しく！

当社の看板メニューは餃子です。開店以来、どうしたらお客様から美味しいと言っていただける餃子が作れるか、追求してきました。

餃子は野菜や肉などの具を皮で包んだものです。まず、皮の美味しさについて考えることにしました。

最初に頭に浮かんだのは、前にも書きましたが、吉祥寺駅前の露天で初めて餃子を食べたときの皮の食感と美味しさです。中華料理店を始めてからずっとそのとき食べた餃子を機械で大量生産できないかと考えてきました。

ソフトな皮、昔の人が言った耳たぶくらいの柔らかさにするには、加水率がポイントになります。加水率とは小麦粉を練るときに入れる水の比率です。手作りなら加水率五〇％

で作れるが、機械では四三％が限界のため、市販の餃子の皮は三五％前後に抑えています。この限界を突破して五〇％にするには、小麦粉の練り方、ロールのかけ方、皮と皮がくっつかないようにする粉の散布の仕方など、機械の改良が必要になります。メーカーに何十回も注文を付け、テストと改良を重ねた結果、機械で加水率五〇％の皮が作れるようになり、ジューシーでもちもちした食感を味わっていただけるようになりました。

具材である肉と野菜については、すべて国産に切り替え、豚のどのへんの肉が美味しいか、野菜はどのように加工したら美味しいか、お客様の意見を聞きながら改良していきました。

後は具材のバランスが味の決め手になりますが、これについてはラッキーな出来事がありました。

三十年ほど前になりますが、野菜の価格が高騰し、それが半年も続きました。その結果、肉と野菜の値段が逆転して、肉が安くなったので、当社では餃子に使用する肉を増量しました。それを機に、餃子がより美味しくなり、売れ行きが大幅に伸びました。以来、今日まで、肉と野菜の比率は変えていません。お陰さまで店内だけでなくテイクアウトや冷凍餃子の地方発送も増えており、今では一日に六〇万個の餃子が売れています。

当社だけのラーメンスープの作り方

もう一つの当社の看板メニューであるラーメンについても、どうしたらもっと美味しいラーメンを提供できるかを追求してきました。

まず生麺ですが、加水率三〇～四三％の麺を使っている中華料理店が多いようです。作るのが簡単なのは四三％のほうで、五〇％の麺は手作りと同じ加水率なので大量に作るのは容易ではありません。

当社は五〇％加水で生産しています。どちらが美味しいかは好みによりますが、私は五〇％派です。よく「こしがあって美味しい」と言いますが、「こし」とは噛んだときの弾力のことで、どの程度を美味しく感じるかは人によって違います。後はどの程度の弾力にスープがうまくからむかだと思います。当社では売れ行きアンケートを下に判断しています。次にスープですが、当社も店が少ない頃は、各店でその日に使うスープを朝の五時から六時間ぐらいかけて仕込んでいました。

中華スープの主要な材料は、豚肉、鳥類、魚貝類、野菜類その他ですが、どの材料も美味しいスープになる時間が異なります。たとえば、肉類だと長いもので七時間くらい、鳥類、魚貝類は二時間〜三時間くらい、野菜は一時間くらいです。

このスープで厄介なことは、来店客数が予定より少なかったときは、スープを廃棄しなければならないことです。ただ、この場合は経費が無駄になるだけで済むからまだ良いが、それ以上に困るのは予定より来店客数が多かったときです。「申し訳ありません。スープがなくなったので閉店いたします」とお詫びして済むことではなく、お客様には二度と来店してもらえません。

この問題を解決しない限り、ラーメン店には将来がないと考えて、スープの研究を始めました。なぜスープは日持ちしないのか？　なぜ時間が経つと酸化するのか？　酸化しないスープを作れないか？　このテーマに取り組み、試行錯誤を繰り返し、ついに酸化しないスープを作ることに成功しました。

以来、工場で、大型釜でスープを製造し、袋に詰めて冷蔵し全店に配送しています。ちなみに、スープだけでなく生麺や餃子、タレなども製品の鮮度を重視し、店舗はすべて坂戸工場と鶴ヶ島工場から自社トラックで一時間三十分以内を基本にして配達できる場所に出店しています。

それにしても、スープを小袋詰めにして店に配送できるようになったことは画期的なことでした。お客様が少ないときでも廃棄しないで済むようになり、お客様が多いときはいくらでも補充ができるようになった。以前はスープを作るために早出していたが、今は開店一時間前に出勤すればよくなった。このスープの製造方式は当社の専売特許㊙です。

タレの開発で調理を合理化

当社は、一般の従業員が調理をしています。なぜ、料理専門の職人を雇っていないのか？　それはいろいろ問題があったからです。

中華料理は、ガスレンジの前に、塩、酒、醤油、砂糖などを置き、それらをお玉杓子で鍋に入れて調理します。その際、杓子にいろんな調味料が付着します。このため、杓子をこまめに拭いたり洗ったりする必要がありますが、それをせずに杓子を使い続ける職人がいたのです。そのため、しょっぱくないはずの料理がしょっぱくなって、お客様からよく叱られました。

また、調理中にタバコを吸ったり酒を飲んだりする職人がいたのです。

そこで、職人でなくても、味にムラが無いように調理できないだろうかと考えました。

その頃です。名古屋で喫茶店が繁盛している理由を知りたいと思い、見学に行きました。そのとき目に留まったのが、厨房で調理しているのが職人ではなく女性であることでした。トーストやサンドイッチだけでなく、ピザやカレーライスなどを作っていた。中には鍋を振っている女性もいました。これがヒントになりました。

そこで思いついたのが、メニューごとに「タレ」を作ることでした。

このタレがあれば、従業員は鍋の使い方を習得すれば、一定の味を出すことができると考えたのです。

とは言え、簡単ではありませんでした。全品目のタレを完成させるのに五年近くかかりました。しかし、この調理の合理化が当社の発展の原動力になったわけですから、苦労は報われました。

そのときからだいぶ時間が経ちましたが、悪戦苦闘した当時を思い出すたびに、「我ながらよくやった」と自画自賛しています。

ちなみに現在は、工場でラーメンやチャーハンのタレを作り、袋に入れて全店に配送し、従業員がそれを使って調理しています。

いつも応援してくれる人がいた

ここで、「裏話」をしましょう。私は運のいい男で、身近に何でも相談できる人がいました。一例を挙げると、製麺機。これは高価な機械でしたが、小麦粉を練る際に水の量を増やしていくと、ある段階から生地が機械（特にカッター）に張り付いてうまく切ることができなくなったり、切ったそばから麺同士がくっついて商品にならないというような不具合があり、何台か覚えていないくらい機械を取り替えました。

機械をいじった経験のある人ならわかりますが、うまく動かない原因を調べるために機械を分解し、原因はこれだと思う個所を直す。時には、鉄工所の職人さんのように、金属と金属を継ぎ合わせるために酸素溶接や電気溶接まで行いました。そんな苦労をして機械を元通りにして、作動させる。しかし、うまく動いてくれない。で、また同じ作業を繰り返す。これを続けるには根気がいります。そんなとき、一人では嫌になって放り出したくなりますが、励ましてくれる人がいたから続けられた。

「タレ」を作るときもアドバイスしてくれる人がいました。たとえば、チャーハンのタレを作るとき、水に何十種類ものダシを入れて煮込むと粉になる。それを見ていて、「こうしたらどうですか」とアドバイスしてくれた。ラーメンのタレも焼きそばのタレもその人と一緒に作ったんです。当社の発展の陰にはそういう功労者がいたのです。

昔の偉い人も周りにそうしたサポートをしてくれる人がいたのだろうと思います。

出来たての美味しさを農家と共に

店を経営していく上で神経を使うのは食材の仕入れ先の選定です。いい食材を安定的に供給してくれるところがあって初めて商売ができるからです。

現在、餃子用の小麦粉は大量に使うので日清製粉さんにお願いしています。

小麦粉は国内生産量が少ないので、最近までオーストラリア産やカナダ産の小麦を使っていましたが、今はすべて北海道産の小麦を使用しています。麺のみ栃木県産の小麦を使っています。

野菜については、たとえばニンニクやショウガの国産価格は、中国産と比較すると五倍高いですが、すべて国産にしています。

仕入れで苦労したのは豚肉です。

店の数が少ないときは養豚業者さんから直接仕入れていましたが、今は全量を食肉卸売業者さんにお願いしています。

外食産業は農家なしでは成り立ちません。

当社では米の一部と、ネギやキャベツなどの野菜のほとんどを契約農家の方に栽培していただいています。

委託栽培を始めたきっかけは、二十年くらい前になりますが、NHKテレビで「国の減反政策について農家に聞く」という番組を見て、「青田刈（稲を熟さないうちに刈ること）をしているのか。なんともったいない話なんだろう。うちの米を作ってもらえないだろう

秋田県の米農家の方たちと意見交換（画面上の右端が著者）

米の委託栽培をお願いしている農家の方たち

か」と思ったので、農家に電話したら、「ぜひ話を聞いてほしい」とのこと。そこで、翌日、池野谷ひろみ社長と秋田県大潟村の生産農家を訪ねました。そして、番組に出た一〇人ほどの方と話し合い、お米を作っていただくことにしました。

また、やはりテレビのニュースで、妻恋高原キャベツが取れすぎて農家が困っていることを知り、すぐさま妻恋に飛んでいきました。農協との取引もあり、すぐにというわけにはいきませんでしたが、このキャベツ農家の方にも委託栽培していただくことにしました。

キャベツと言えば、市場から野菜の買い付けをしていただいていた人の紹介で、茨城県の農家を訪ねたときのことが忘れられません。

畑で作業をしていた親父さんが、いきなりキャベツの芯に近い部分を手で抉《えぐ》り出して差し出したので、かぶりつきました。そのとき、私が驚いた顔をしたのでしょう。親父さんは自慢そうに、「甘くて旨いだっぺ」と言いました。

その後、親父さんと作業場に行ったら、三〇人ほどの男衆が大型トラック三台にキャベツを積み込んでいました。毎日、五台分くらい東京のスーパーに運んでいると聞いて、こんな農業をしている人がいるのかと感心しました。親父さんはだいぶ前に亡くなりましたが、後を継いだ息子さんにキャベツと白菜を栽培していただいています。

そのほか、ラーメンになくてはならないネギ、餃子に欠かせないニラやニンニクなど、メニューで使用する農産物のほとんどを農家の方にお願いして栽培していただいています。

農業は自然が相手の仕事です。収穫時に、日照りが続いたり、雨が降りすぎたり、気温が低かったり、台風が来たりと、天候に左右されて品質・価額が変動します。そこで、農家の方に安心して農業をしていただき、安定供給していただくために、農家の方と話し合い、委託栽培していただくことにしたのです。

お陰さまで、今では全国各地から収穫したての新鮮で美味しい野菜が短時間で入ってくるので、「美味しい餃子で人々を健康で幸せに」「安くて美味しい食事を安心して食べられる店」とともに、「出来たての美味しさを農家と共に」をスローガンにしています。

満洲ファーム　キャベツ畑にて

㈱満洲ファームを設立

農業の大変さや喜びを身をもって知るために、二〇一四年（平成二十六年）三月、池野谷社長の発案で、当社の工場がある埼玉県鶴ヶ島市に自社農園「満洲ファーム」を開園しました。

現在、長野県の農家で二年間修業した社員三名を含めた四名で、米とキャベツ、ナス、ニンニク、ピーマンなどの野菜を栽培。お客様に食べていただいて感想を伺ったり、新メニューの開発に役立てたりしています。

始めると夢中になる性格が幸いした

パソコンにはまる

一九八六年（昭和六十一年）、私が五十歳のとき、娘（現・池野谷ひろみ社長）が入社しました。食品を扱う商社に勤めていた娘からパソコンの話を聞いているうちに、当社でもパソコンを活用したいと思うようになり、娘に入ってもらうことにしたのです。

これが当社のＩＴ化の始まりで、大きな効果をもたらしました。

入社後、娘はＯＬ時代の経験を生かし、パソコンを活用して在庫管理システムや経営管理システムを構築。経営の合理化に取り組んでくれました。

私は娘の勧めで、まずワープロをマスターすることにしましたが、当時のワープロは子供の勉強机ほどの大きさがあり、五〇万円もしました。ただ、入力方式が「かな入力」ではなく「ローマ字入力」でしたから、情けないことにチンプンカンプン。アルファベットを覚えることから始めなければなりませんでしたが、面白くて毎日夜遅くまで機械に触っていました。一年半ほどかかりましたが、機能のすべてを使いこなせるようになりました。

次いで、パソコンをいじり始めましたが、「???」と首をひねることの連続で、悪戦苦闘。しかし、娘に教わっているうちに操作方法がわかるようになり、面白くなっていきました。嘘のような本当の話ですが、当時はパソコンメーカーの子会社の人にインターネットのつなぎ方を聞いても答えられないことがありました。ホームページの制作を請け負う会社もありませんでした。

パソコンを始めて最も驚いたのは、ロータスの表計算ソフトウェア「1・2・3」でした。数字を打ち込むと自在に計算してくれるので、思わず「すごい!」と声を挙げました。メニュー全品の原価計算が簡単にできるので、社員に「これは天からの贈り物だ」と言いふらしていました。簿記は商業高校のときに少し習っていたから、「1・2・3」を使えば経理ができるかもしれないと思い、やったらできたのでビックリしました。

その頃、こんなことがありました。当社では、毎年、青色申告をしていましたが、申告書の作成過程に無駄があることに気づきました。無駄とは「仕訳伝票の手書き発行」のことです。で、税理士さんに「パソコンを使って無駄をなくそう」と言いましたが、納得してもらえませんでした。そこで、日本経営経理士協会に行って話し合い、「手書き伝票無しで申告してもよい」というお墨付きを得ました。今でもその日のことを昨日のことのように覚えているのは、パソコンに夢中になった末に勝ち取ったうれしい出来事だったからでしょう。

年配の経営者でパソコンを活用できる人は少ないようですし、ほとんどの会社が業者任せのようですが、商売の根幹部分は業者の人にわかるはずがない。それを人任せにしていたら良いソフトはできません。現在、当社ではＩＴを活用して店舗管理・製造物流管理・在庫管理・販売管理などすべての管理をたった一〇名の社員で行っています。ＩＴがなかったら今の当社はないと思っています。

それにしても、何でも始めると夢中になる性格だなーと思います。夢中で取り組んでいると、すべてが良い方向に向かうことを何度も経験してきました。だから、若い社員には、仕事でも遊びでも「とことんやりなさい」「一心不乱にやりなさい」と言っています。

鯉釣りにのめりこむ

小学生の頃、「よく学び、よく遊べ」と書いた紙が教室に貼ってありましたが、私は学ぶことは忘れて、よく遊びました。大人になってからは、よく働き、よく遊びました。「年中無休なのによく時間が取れるね」と呆れられましたが、当の私でさえどうして時間が作れたのか、不思議に思うほどです。

釣りに始まり、登山、ゴルフ、スキー、スイミング、マラソン。こう書くと、健康にいいことばかりやっているようですが、中華屋を始めた頃は語尾に「狂」の字がつくほど麻雀・パチンコにのめりこみました。

四十八歳のときに始めた登山では、奥秩父をはじめとする関東の山はもちろん富士山にも登りました。

ゴルフは四十三歳のときですから少し遅かったが、八十一歳になった今も週二回ゴルフ場に通っています。

五十歳から始めたスキーは、バブルの最中でしたので越後湯沢、岩原スキー場のゲレンデのそばのマンションを買い、シーズンには週二回のペースで五年間通いました。雪の上にスキーを履いて立つこともできない私がいつの間にかボーゲンから始め、どんなところでも自在に滑れるようになったので、楽しくてしょうがなかったのでしょう。腕前は中級の上くらいでした。

同時期に始めたスイミングも息継ぎができない金槌でしたが、二十二年間、七十歳までプールに通いました。

最初に夢中になったのは釣り、中でも鯉釣りです。始めたのは中華屋を開業した年ですから、二十八歳のときです。鯉は三日通って一匹釣れたらよいほうですから、興味のない人には馬鹿に見えるでしょう。この頃は猛烈に忙しかったから、夜中に釣り堀に行っていました。眠くなると車で寝、鯉が掛かったら飛び起きました。竿に鯉が掛かったらピピッと音が鳴るように仕掛けをしておいたので起きられたのです。

店舗内に水槽を設けて鯉を飼育

鯉好きが嵩じて、創業店である緑町店のときは店の前に生簀を作り、二号店の松葉町店のときはウインドウに水槽を作って飼っていました。とんかつ「とん吉」を開店したときは、店の前に深さが一mもある大きい池を作りました。ただ、鯉は自然の川から狭い池に入れられると、池から跳ね出て死んでしまうので、飼うのが難しかった。

後日談ですが、このとき経験した川魚を飼う難しさと生簀作りが、温泉宿を経営してから、「温泉のお湯が冷めないためのお湯の廻し方」を思いつくヒントになりました。多分、温泉宿でこの廻し方をしているのは当社ぐらいでしょう。

この鯉釣りは五十歳のときにやめました。釣りは一日中池や川べりに座りっぱなしで身体が冷えるからでしょう、体調を崩したのが理由です。

マラソンが私の人生を変えた

五十歳のとき、タバコもやめました。きっかけは、くわえタバコでラーメンを作っていたとき、吸い口の部分をラーメンに入れてしまったことです。お客様にこっぴどく叱られ、「とんでもない事をしてしまった！　もう二度とタバコは吸わない」と決心しました。

ただ、やめたら体重が一カ月で一〇キロ増えました。痩せる方法はないかと考えて始めたのが、スポーツセンターに行って体重を落とすことでした。最初はランナー（ランニングマシーン）の上を走りました。三カ月ほどして五キロ走れるようになったので、公道を走りたくなりました。そのとき、娘から地元の所沢シティマラソンに誘われました。最初の年は一〇キロ走り、四十五分ほどかかりました。次の年は距離を延ばして二〇キロに挑戦。急に距離を延ばしたので自信はないし興奮しっぱなしでした。驚いたのはこのときのタイムがなんと一時間三十三分だったことです。

これが自信となり、その後は山中湖ハーフマラソン、熊谷サクラマラソン・ハーフなど、次々とハーフマラソンに挑戦。月一のペースで、二時間以内で走ることを目標に、毎日走り込みました。そして、秘かに目標にしていたホノルルフルマラソンに出場することにしました。ハーフしか経験がないし、いつもふらふらになってゴールしていたので、ものすごく不安でした。

最初のときが第二十一回ホノルルフルマラソンでした。大会日は日曜日で、午前三時集合・五時スタート、興奮で土曜の夜は眠れませんでした。

ホノルルマラソンに特別参加の有森裕子さんと記念撮影

(上) この頃は私も家内も若かった！
(左) 50歳のとき出場した所沢シティマラソン。これがきっかけで、私のマラソン人生が始まった

スタート地点のアラモアナ公園では、花火が打ち上げられましたが、緊張しているので花火どころではありません。

その公園をスタートして、ワイキキビーチ、ダイヤモンド・ヘッド、そしてハワイカイを巡る壮大なシーサイドコースで、ダイヤモンド・ヘッド以外は平坦ですが、気温二五〜三〇度の中を走るので大変でした。

初めてなので三五キロくらいからきつくなり、足が前に出なくなりました。ゴール近くではボーイスカウトの子供たちが「Ｇｏ ｆｏｒ ｉｔ！」と応援してくれるのですが、足がいうことをきいてくれない。

ゴールした途端、へたりこみ、フルマラソンの大変さを脳裏に刻みました。

こんなにきついマラソンを終えて日本に帰ってくると、今度は日本でフルマラソンを申し込んでしまう。荒川マラソン、霞ヶ浦マラソンと走り、その中にハーフを入れてマラソン人生が始まってしまいました。それに家内を巻き込み、ホノルルマラソン出場が毎年の

今は家内と手をつないで歩いています

目標になりました。以来、一年間かけて準備するようになりました。

今も、私も家内も家で毎日ルームランナーの上を走っていますが、まさか二十四年間もホノルル通いをするとは夢にも思いませんでした。仕事も私生活もすべてがホノルルマラソンのためにあったような気がします。こんな自分を形容するとしたら、〝マラソン馬鹿〟ですね。ただ、この二年間は走るのをやめ、家内とお手々つないで歩いています。私八十一歳、家内七十六歳ですから、そろそろ年貢の納め時のようです。

マラソンが健康維持に役立っていることは間違いありません。運動はきついが、やれば体が軽くなって気持ちが明るくなり、脳が活性化するので、仕事にもプラスになっています。計画を立てて、毎日走り込みを続けなければ完走できないから、マラソンは人生そのものです。

マラソンと出逢ったことで、私の人生は充実したものになりました。

半寿になって想うこと

家族経営

「半」の字は「八」と「十」と「一」に分解できることから、八十一歳を半寿と呼ぶそうです。

男性の平均寿命を超えたからでしょう。内心では「まだまだ」と思いつつも、「もうそんな歳になったのか」と、ため息を漏らしそうになります。でも、これまでと変わらず、木曜と日曜の休日以外は毎朝十時に出社し、誰にも気兼ねしないで好きなことをしています。楽しみは毎月開かれる営業会議です。真剣な中に和気あいあいとした雰囲気から、社員の結束力の強さが感じられ、いい社風になったなと思います。

倅夫婦や娘夫婦、孫たちも当社で働いてくれています。役職は適材適所です。倅の利行は調理部長、娘のひろみは社長、倅の妻の美紀は経理部長、娘の夫の池野谷高志は副社長兼満洲ファーム社長、孫二人は夫婦共にそれぞれの部署で働いています。

昔から「子は親の背中を見て育つ」と言いますが、私と家内が朝から晩まで年中無休で働いた、その結果が現在の姿ですから、子供たちは「一生懸命働けば自ずと結果は付いてくる」ことを自然に学んだと思います。

私と一緒に会社の土台を築いた家内は七十五歳で退職しましたが、いつも商売優先で生活は後回しでしたから、苦労をかけました。私が好きな商売に打ち込めたのは家内のおかげです。今は遊び好きな私と一緒に遊んで人生を謳歌しています。

店を手伝ってくれた姉たち

家族だけでなく、私の姉や甥も働いてくれました。中でも一番早かったのは三番目のよね子姉で、店がまだ三軒のときですから、屋号が満洲里のときに田舎から夫婦で出てきて働き始めました。ただ、亭主は「客商売には向いていない」と言って、暫くして製造機器の会社に就職しました。姉は六十歳の定年まで働いてくれました。立派な家を建てたし、孫もいるし、後は楽しく余生を過ごすはずでしたが、退職して二年後に病気になり、六十九歳で亡くなりました。私の目には、食べるものも惜しみ、無駄遣いしないで、貯めるだけの人生に見えました。私もそうかもしれませんが、子供のときのつましい生き方が染みついていて、変えることができなかったのでしょう。退職後はもっと楽しく遊んで過ごしてほしかったです。

二番目のゆく子姉は田舎の親戚の工務店で働いていましたが、子供が東京で就職したので一緒に上京し、当社に入社。田舎の仕事と同じ経理の仕事をしてもらいました。屋号が満洲飯店からぎょうざの満洲に変わった頃ですから、五十二歳から二十八年間、八十歳まで勤めてくれました。ものすごく忙しくて人手が足りない頃でしたから、本当に助かりました。

今は田舎で総領息子と二人で暮らしています。孫が四人いて幸せそうです。

甥（一番上の兄の倅）の幾男もよね子姉と同じく「満洲里」のときから手伝ってくれました。若かったので、出前をしてもらっていましたが、その後、車が大好きで車屋さんに勤めたり、うどん屋さんに勤めたりと転職を繰り返しました。そして、結婚した後、田舎に帰り、「満洲里」という店名の中華屋を開業しました。今も屋号を「満洲飯店」に改めて営業しています。

兄弟６人が一緒に写った珍しい写真

一番上のさく子姉は仕事とは関係がありませんでしたが、書いておきます。

ネーヤンは五十二歳で亡くなりました。

ある日、すぐ上の吉五郎兄から「あと何時間かもしれない」という電話があったので、ゆく子姉とよね子姉を車に乗せて、沼田市の利根中央病院に駆け付けました。そして、ネーヤンの倅の一久、娘のとし子と共に担当医師から、姉の病気が当時不治とされていた白血病であること、後数分の命であることを告げられました。

病室に行くと、姉は苦しそうで、「まだ死にたくない」と言っていました。

当時、私は四十代でしたが、いくつになっても子供のように思っていたのか、私の名前を何度も呼んでいたそうです。

医師が「酸素マスクを外します」と言ったとき、私は立っていることができず、座り込んでしまいました。

そして、姉の最期の言葉は、「梅は来たか」でした。

私は泣き崩れ、気が付いたら別の部屋に寝かされていました。

これまで数えきれないくらい最期の別れをしてきましたが、このときほど悲しかったことはありません。私はネーヤンを実の母のように慕っていたのです。

温泉宿を経営

私の故郷の利根町大楊にはかつて温泉宿が二軒ありましたが、一軒は廃業し、もう一軒の東明館だけが営業していました。その東明館を二〇〇九年（平成二十一年）に買い取りました。きっかけは、中学校時代の同窓生から、「弟が東明館を経営しているが、採算が取れないので廃業を考えている。買ってくれないか」と頼まれたのです。

前にも書きましたが、わが家では現金を得るために、三番目のよね子姉が新聞配達をしていました。私は大楊の五〇戸分を配達していましたが、五〇〇軒分を配達していたよね子姉から、時々、「明日は老神温泉を手伝って」と頼まれることがありました。

当時、老神温泉には川沿いや山裾に旅館が一五軒くらいありましたが、一軒一軒が離れているので配達するのは大変でした。嫌だったのは山裾の旅館に行くときでした。吊り橋を通らなければならなかったからです。吊り橋は八〇mほどの長さで、揺れるし、下を流れる片品川が丸見えなので怖かったのです。その配達の折に、東明館の先々代のおじさんが「帰りに風呂に入りなさい」と声を掛けてくれました。そんな子供の頃の思い出が強かったから、放っておけなかったのです。

話を聞くと、源泉掛け流しの単純硫黄泉で、湯元が一軒で使えるとのことなので、買い取りましたが、いざ改築・改装を始めると大変でした。というのも、湯量が少ないのでボーリングしたり、旧施設は露天風呂が混浴で内湯から露天への通路が冬季は閉鎖されていたので、新たに男女湯それぞれに内湯と露天を設置したり、バリアフリー化やエレベーターも新設する必要があるなど、やらなければならないことが多く、四か月後にリニューアルオープンの予定が一年に延び、建築費も予定していたより三倍も多くかかってしまいました。

こうして、地下一階が宴会場・娯楽場・風呂場、二階がフロントとレストランぎょうざの満洲、三階が客室の、三階建ての建物が完成したとき、「二年頑張れば何とかなるだろう」と思いましたが、次の年に東日本大震災と原発事故が起き、風評被害をもろに受けま

故郷の大楊で経営している温泉宿「東明館」

宿の直下は渓谷になっていて、片品川が流れている

した。加えて、地震の影響で湯の出が悪くなってしまいました。湯が出なかったら温泉宿は成り立たないので、楽天家の私も頭を抱えました。

ところが、それから一年ほど経ったとき、まるでドラマのようなことが起きました。

私は風呂好きなので、東明館に泊まると、一日に五回は風呂に入ります。

その日も、いつものように朝の五時に風呂に入ったら、先客がいました。挨拶をし、最初は世間話でしたが、いつしか風呂談議になり、一時間くらい喋っていたでしょうか。突然、「あなたはこの宿の持ち主ですか」と訊かれたので、「そうですが」と答えました。そしたら、「やっぱり。あまりにも一生懸命話すので、そうではないかと思いました」と。

その人はなんと隣の地主さんでした。なんでも風呂好きが嵩じて、以前、太陽ホテルを買って営業を始めたが、経営が思わしくないのでやめて更地にしたのだそうです。で、その人が「お湯が足りないならうちの源泉を譲りますよ」と言った。

それを聞いて、びっくりしたし、飛び上がるほどうれしかった。

しかし、簡単に買える金額ではないので、「一年待ってください」と言ったら、「いいよ」と。それと、こんな昔気質の台詞を言いました。

「男と男の裸の約束。お互い頑張りましょう」

何億という財産を譲渡するのに、金額も提示しないで約束するということが現実にあることに感動しました。まさかの「坂」って本当にあるのだと思いました。

それから八か月掛けてお金を工面し、温泉井戸付きの土地六〇〇坪を購入しました。その井戸の源泉量は毎分一二〇リッターというものすごいものでした。

後で知ったのですが、いろんな人がその温泉井戸が欲しくてお願いしたそうですが、誰が行っても首を縦に振らなかったそうです。

私は、このときも、「何の気なしに挨拶したことから、人とのつながりが生まれ、心から本気で話をすると、物事は解決する」という経験をしました。よく「運がいい」とか「運が悪い」とか言いますが、運はたぐり寄せるものだと思います。

著者が川岸に建てた“おせん桜”の記念碑

「おせん櫻」を復活させる

老神温泉には、地元の人にさえ忘れられてきた床しい「言い伝え」があるので、紹介しましょう。

老神温泉の対岸の「内楽《ないらく》」に、かつて〝内楽の櫻〟と呼ばれ、利根村文化財に指定されていた大きな桜の古木がありました。

この桜は別名〝おせん櫻〟と呼ばれてきました。

昔、東入りから他地域への重要な交通路として大間々道がありましたが、その途中の内楽の小さな平らな地に一軒の茶店があり、ここに〝おせん〟という名の娘がいました。

その茶店の傍らに一本の大きな桜の木があり、春は美しい花を開き、夏は涼しい木陰をつくり、旅人には美人のおせんと共に憩いの場所でした。

時は移って、大間々道の交通は絶え、茶店の跡形もなく、〝おせん櫻〟も枯れてしまいました。そこで、桜を植樹し、〝二代目おせん桜〟と命名し、記念碑を建てました。

老神温泉に来られたら、立ち寄って、遠い昔に想いを馳せてください。

終わりに

――考え方・生き方は「やさしく」

私は「やさしい」という言葉が大好きで、話すときだけでなく書くときもよく使います。この言葉は、「思いやりがあって親切である」という意味の「優しい」ではありません。「簡単である」「容易である」「わかりやすい」という意味の「易しい」に近いが、少し違います。だから、平仮名にしています。

私の口癖である「やさしく考え、やさしくやろう」を言葉を換えて言うと、「シンプルに考え、素直に、自然にやろう」となります。

もうお分かりでしょう。私の「やさしい」は、「物事の〝考え方〟や〝やり方〟」を表した言葉なのです。

世の中には口先だけ達者で実行しない人（口舌の徒）が余りにも多いので、私は社員によく言います。

「物事を解決したいときは、理屈から入ってはいけない、現実から入りなさい、現実を直視しなさい、そして何をなすべきかをシンプルに考え、自然の流れの中で解決しなさい」と。

たとえば、私が中華料理店を始めたとき、どうしたらお客様に来ていただけるかを考えました。答えは簡単ですね。料理が美味しく、価格が安かったら来ていただける。

そこで、美味しくするには何をすべきかをお客様目線でやさしく考えました。

自然に、「いい食材、安全で鮮度の良い食材を仕入れよう」「人件費の高いプロの調理人を雇うことはできないから、誰が作っても美味しい味になるタレを作ろう」といった努力目標が浮かんだので、実現に向けて真剣に取り組みました。その結果、美味しい料理を提供できるようになりました。

提供価格を安くするために何をすべきかについてもやさしく考えました。

これも自然に、「仕入れを工夫すればよい」という努力目標が頭に浮かびました。そこで、食材は市場から仕入れると四回くらい人の手を通すので、農家から直接買うことにしました。そうすれば流通コストがかからないから仕入れ値は安くなります。その結果、価格を安くすることができるようになりました。

このように、自分がやろうと思っている目標に対して、お客様目線で考え、物作りから販売までを、無駄がないように、簡単にしていくことが、「やさしい」ということなのです。だから、私はよく「やさしい」とは「IT」のことである、という言い方をします。私にとって「IT」とは、イコール、「合理化」「仕組み作り」のことだからです。多分、飲食業界で当社のように「IT」を活用して成果を上げている企業は少ないでしょう。

何も難しく考えることはないんです。やさしく考え、やさしくやればいいんです。

これが、生きる上で、事業を行う上での、私の「流儀」です。

「やさしい」を実践してみてください。

【著者紹介】

金子梅吉（かねこ・うめきち）

1936年、群馬県生まれ。トラックの運転助士、タクシー運転手、運送会社社員、牛乳販売店経営を経て、64年、埼玉県所沢市に中華料理店「満洲里」を開業。72年、西武新宿線新所沢駅前への出店を機に屋号を「満洲飯店」に改め、さらに77年に「ぎょうざの満洲」に変更。以後、埼玉県南部と東京都北部の私鉄・ＪＲ沿線の駅前で店舗展開を加速し、95年に鶴ヶ島工場、2005年に坂戸工場を完成。98年に長女の池野谷ひろみに経営をバトンタッチして会長となる。

現在、店舗（直営店）数は86店，従業員数は1,854名、年商は約77億円（2017年6月期）。

好きな言葉は「やさしい」

3割うまい!!

二〇一七年一〇月二六日　第一刷

著　者　金子梅吉

発行者　山下隆夫

企画・編集　株式会社　ザ・ブック

東京都新宿区若宮町二九　若宮ハウス二〇三

電話（〇三）三二六六—〇二六三

発　行　太陽出版

東京都文京区本郷四—一—一四

ＴＥＬ（〇三）三八一四—〇四七一

ＦＡＸ（〇三）三八一四—二三六六

印刷・製本　株式会社　シナノ

ISBN 978-4-88469-915-4